MÉMOIRE A CONSULTER

Cour impériale
DE NIMES.

POUR

M. et Mme GASSEAU

Appelants,

CONTRE

1° **M. REYNE**, procureur impérial à Avignon, et son épouse;

2° **M. GAUTHIER**, juge d'instruction à Tournon ;

3° **M. MARCELLIN**, receveur d'enregistrement à Bollène, et son épouse ;

4° **M VIOLÈS**, maire de Bollène, et son épouse ;

Intimés.

L'héritier de l'usufruitier est, au même titre qu'un dépositaire, obligé de restituer les biens meubles et immeubles désormais affranchis de l'usufruit; il n'a droit de rétention que si le nu-propriétaire refusait une quittance ou une décharge régulière.

L'héritier de l'usufruitier ne peut, en alléguant qu'il est, lui ou son auteur, créancier du nu-propriétaire, retenir les *titres*, les *papiers*, l'*argent*, les *valeurs mobilières*, et se constituer ainsi, de vive force, un gage ou un nantissement.

Retenir en sa possession les biens affranchis de l'usufruit est un abus qui doit être immédiatement réprimé par les magistrats : il y a urgence dans le sens légal du mot, quand le nu-propriétaire, devenu propriétaire absolu par la cessation de l'usufruit, réclame une possession surprise ou conservée par force, et que ses intérêts sont compromis par chaque jour qui s'écoule : le juge de référé est compétent, pour faire cesser l'indue possession : *Spoliatus ante omnia restituendus.*

Si une contestation s'élève au moment de la délivrance, c'est au juge de référé qu'il appartient de faire constater l'état des biens meubles, des valeurs et des titres qui sont restitués.

Lors même que les héritiers de l'usufruitier ont remis le nu-propriétaire en possession de quelques meubles détériorés et de nulle valeur, ils n'en sont pas moins tenus de rendre compte, et d'obtenir UNE COMPLÈTE DÉCHARGE. Jusqu'alors ils ne peuvent opposer cette prise de possession partielle, surprise à la bonne foi du propriétaire, pour s'affranchir de leurs obligations, pour détourner ainsi à leur profit tout ou partie de la fortune d'autrui.

L'arrêt que M. et Mme Gasseau sollicitent de la Cour consacrera ces vérités de droit.

FAITS.

Voici les faits que nous devons exposer et les actes qui doivent être produits :

M. le maréchal de camp comte de Jullien, préfet du Morbihan, avait épousé Mlle Cécile-Charlotte-Rosalie *Gauthier*. Lors de cette union, la famille de sa femme n'avait pas les immenses propriétés qu'elle possède aujourd'hui; elle était obscure et d'une fortune plus que modeste.

Au surplus laissons parler le général de Jullien qui, dans une lettre du 8 octobre 1822, dit toutes ses affections pour sa famille et ce qu'il pensait de l'état social de la famille de nos adversaires :

Ma chère sœur, comme vous savez depuis longtemps, ainsi qu'Auguste, que je suis un vrai paresseux lorsqu'il s'agit d'écrire, le retard que j'ai mis à répondre à votre dernière lettre ne vous étonnera pas.

Mais à votre égard, ma chère nièce Elisa, je suis moins pardonnable et j'ai à me reprocher de ne pas vous avoir témoigné plus tôt combien j'ai été sensible aux sentiments que vous m'avez exprimés à l'occasion de ma fête. Croyez que cette négligence n'ôte rien à mon amitié.

A présent, ma chère sœur, je vais causer avec vous affaire de famille ; je désirerais bien connaître définitivement quelle est au juste la fortune actuelle et celle à venir d'Auguste et de sa femme, etc., etc.

Quant à Gauthier, je répondrai en peu de mots à la démarche qu'il a faite auprès de vous ; je l'avais prévenu du résultat qu'aurait la sottise qu'il se proposait alors de faire ; c'est avec connaissance de cause qu'il l'a accomplie : chacun est bien libre de faire ce qui lui convient ; je le plains, mais je n'ai pas la moindre humeur, je lui souhaite tout le bonheur possible ; MAIS JE M'EN RAPPORTE A LUI-MÊME !

Ma femme pourrait-elle recevoir la charmante cousine qu'il lui a donnée ?

Si nous étions à Vannes, aurait-il la prétention de présenter son épouse aux fêtes de la préfecture ?

Nous ne la recevrions pas plus volontiers à La Palud. Je le prie de regarder ceci comme une détermination absolument définitive.....

Tout le monde se joint à moi pour vous embrasser tous de bien bon cœur.

JULLIEN.

Le général Jullien mourut le 19 mai 1839. Par un testament olographe, il avait institué pour son légataire universel Victor-Eugène-Louis-Auguste Jullien, son petit-neveu ; mais il avait disposé de l'usufruit de tous les biens, compris dans ce legs universel, en fa- de sa veuve, Mme Cécile Gauthier.

Cet usufruit a duré vingt-quatre ans ; il s'est éteint au mois de février dernier.

Dans l'intervalle, le neveu et le petit-neveu du général sont décédés, et l'unique héritier fut un moment Ludovic-Raymond-Frédéric Jullien, frère de Victor-Eugène.

Mais, le 22 juin 1858, Ludovic était frappé à son tour, laissant Mme Gasseau pour sa légataire universelle.

Mme Gasseau représente donc aujourd'hui la succession du général Jullien.

Mme Cécile Gauthier, veuve du général Jullien, et qui est restée vingt-quatre ans son usufruitière, est représentée par M. Gauthier juge d'instruction à Tournon; par Mme Reyne, épouse de M. Reyne, procureur impérial d'Avignon; par Mme Marcellin, épouse de M. Marcellin, receveur d'enregistrement à Bollène; par Mme Violès épouse de M. Violès, maire de Bollène : ces trois dames sont toutes trois des demoiselles Gauthier.

Les parties au procès dont nous allons parler sont donc, comme représentant la succession du général Jullien, M. et Mme Gasseau; comme représentant Mme Gauthier, veuve du général, M. Gauthier, juge d'instruction, M. et Mme Reyne, M. et Mme Marcellin, M. et Mme Violès.

Ces procès que les représentants de Mme Gauthier ne craignent pas d'engager, sont relatifs à la liquidation de la succession du général, et à la succession de sa veuve.

Il est inutile de dire que la famille Gauthier n'est plus pauvre et obscure, elle se sait riche, se sent puissante; et, par la situation qu'elle occupe, elle semble même se croire invincible. D'ailleurs tout ce débat est préparé de longue main ; M. Gauthier, notaire à La Palud, a merveilleusement dirigé ses combinaisons; le général Jullien avait raison de dire, en parlant des Gauthier : *Je m'en rapporte à lui-même*.

M. Gasseau a été le tuteur de Ludovic Jullien, Mme Gasseau avait été sa marraine; obscurs eux-mêmes, ils ne reprochent pas aux Gauthier leur ancienne obscurité, ils n'envient pas leur prospérité actuelle, et ils ne rappellent avec bonheur qu'ils ont été jugés dignes d'être les tuteurs d'un Jullien, que pour répondre d'un seul mot aux attaques qui oseraient se produire.

En 1853, M. Gasseau n'hésita pas à sacrifier la position honorable qu'il s'était créée à Saumur, il vint se fixer à Paris, afin de surveiller de plus près l'éducation de son pupille.

Ce changement fut fatal aux intérêts de M. Gasseau; car, en 1854, il perdait dans le commerce sa modeste fortune; mais pour faire face aux exigences d'une liquidation et pour éviter la faillite, il engageait tout son avoir : sa femme elle-même engageait aussi sa fortune et sa signature, et grâce à ce double dévouement, l'honneur est resté sauf et inattaquable.

Le testament de Ludovic Jullien fut une belle action en même temps qu'une preuve de son affection dévouée pour ceux qui, pendant la jeunesse de l'orphelin, avaient remplacé son père et sa mère.

Cette libéralité acquitte une dette de cœur, et ce n'est pas sans quelque fierté, se mêlant à la douleur de la perte de leur pupille, que M. et Mme Gasseau acceptent cet héritage.

Maintenant arrivons aux faits qui se rattachent plus directement à la contestation actuelle.

Le 15 février 1863, l'usufruit de vingt-quatre années cessait, les héritiers de l'usufruitier continuaient en leur nom une administration, qui, depuis longtemps, était tombée des mains très-âgées de la veuve du général.

M. et Mme Gasseau, au moment du décès de l'usufruitier, ne prirent aucune précaution, ne sollicitèrent aucune mesure protectrice et de garantie; car ils devaient s'attendre que la tradition de leur fortune se ferait non dans les conditions de la plus vulgaire honnêteté, mais avec l'intégrité, la probité et la délicatesse qui sont un des premiers devoirs de leurs adversaires au procès, magistrats et fonctionnaires.

Ils devaient d'autant plus compter sur la bienveillance et l'équité de MM. Reyne, Gauthier et consorts, qu'au moment où l'usufruit cessait, un de leurs créanciers poussé, excité par une main invisible, poursuivait l'expropriation d'un de leurs immeubles et voulait consommer leur ruine.

Cette situation difficile n'était pas ignorée de M. le receveur de l'enregistrement de Bollène, puisqu'il la signalait à ses supérieurs et commençait, au nom du domaine, des poursuites qui furent arrêtées et blâmées.

En mars et en avril 1863, M. et Mme Gasseau échappaient aux funestes conséquences d'une expropriation et d'un séquestre mis sur leurs propriétés par M. le receveur de Bollène, mais il ne fallait éveiller les craintes d'aucun autre créancier. En réalisant promptement la valeur mobilière, ou en empruntant au Crédit foncier, M. et Mme Gasseau, qui luttaient depuis tant d'années, seraient enfin tranquilles et jouiraient paisiblement du peu qui leur restait.

Les héritiers de Mme Gauthier s'emparèrent de l'actif de la succession; une prétention chimérique, une prétendue créance impossible à justifier, servait de prétexte, le 7 mars, à un acte inouï : l'argenterie fut séquestrée; elle est encore aujourd'hui détenue par nos adversaires; le linge fut enlevé, les porcelaines dissimulées, les vins disparurent des caves, les titres et papiers, qui pouvaient servir à un emprunt au Crédit foncier, ne se trouvaient pas ; enfin, les sommes touchées sur la croix et sur la pension du général n'étaient ni offertes ni déclarées.

Ainsi, lorsque, dans les derniers jours d'avril, M. et Mme Gasseau pouvaient, avec l'argent donné par une main amie, se rendre à La Palud, le vide était fait autour d'eux; leurs adversaires avaient la conviction qu'ils étaient exécutés dans leurs biens, qu'il serait facile d'acheter à vil prix, domaine, droits immobiliers, valeurs mobilières.

L'erreur était profonde, le réveil fut, pour nos adversaires, une grave douleur.

Le 23 mai, une demande toute de conciliation fut tentée ; mais, pour mieux faire comprendre l'état actuel des choses, mettons sous les yeux de la Cour des pièces décisives.

Mars 1863.

A Monsieur le Directeur général de l'enregistrement.

« Nous sollicitons votre bienveillante intervention pour arrêter les effets *de* « *contraintes délivrées contre nous* ; ces poursuites sont notre ruine, nous ne « pouvons acquitter les droits dus au Trésor, mais l'extinction d'un usufruit « important, qui a eu lieu le 15 février dernier, nous permettra, avant peu, de « payer au Trésor ce qui lui est légalement et justement acquis.

« Voici, M. le directeur général, l'exposé, aussi sincère que possible, des faits « qui peuvent appuyer la faveur que nous sollicitons. » ....

Le 10 septembre 1858, Mme Gasseau sollicita pour payer les droits de mutation dus au Trésor, un délai de six mois; — au mois de mars suivant il fut accordé.

En avril 1859, Mme Gasseau put payer 34 fr. 01 c., droits dus sur le petit mobilier de Paris.

1861 et 1862, nouvelles demandes et nouveaux sursis sollicités et accordés; mais le dernier obtenu est avec fixation d'échéance au 25 décembre 1862.

Avril 1863.

A Monsieur le Directeur général de l'enregistrement.

« Il y a quelques semaines, nous nous sommes adressés à vous pour arrêter « les effets de deux contraintes, et nous vous demandions un délai de six mois.

« Le 14 avril nous avons signé chez M. Sébert, notaire à Paris, un emprunt « hypothécaire, et aussitôt que ces fonds nous seront délivrés, après l'accom-

« plissement des formalités, nous paierons les droits de mutation que nous de-
« vons au Trésor.

« Mais il est très-urgent, Monsieur le Directeur général, *d'arrêter immédiatement les effets de la contrainte délivrée par le receveur de Bollène* (Vaucluse), le « 17 décembre 1862.

« Cette contrainte est nulle ; car par décision de Son Excellence le ministre des « finances, en date du 30 août 1862, il a été décidé qu'il ne serait pas insisté sur « le recouvrement du demi-droit en sus pour défaut de déclaration dans le dé- « lai, à condition du paiement du droit simple avant le 25 décembre 1862.

« Or, avant l'expiration du délai accordé par Son Excellence, nous avions sol- « licité une nouvelle faveur sur laquelle il n'a été statué que le 13 février « dernier. Enfin, au mois de mars, nous nous sommes de nouveau adressés à « votre justice et à votre bienveillance, pour qu'il nous soit possible de payer, « en réalisant l'emprunt qui a été signé le 14 avril courant.

« M. Sébert, notaire à Paris, fera les déclarations et paiera ce que nous « devons.

« Nous avons l'honneur, Monsieur le Directeur, de joindre à cette lettre, pour « vous prouver l'urgence de votre intervention et arrêter les actes rigoureux de « M. le receveur de Bollène :

« 1° Copie de la contrainte ;

« 2° Une lettre de M. Marcellin, receveur de l'enregistrement à Bollène (1) ;

« 3° La copie de la saisie du 7 mars ;

« 4° La copie d'une lettre au notaire de La Palud.

« Les originaux sont conservés par nos conseils, mais ils sont à votre dis- « position.

« La saisie-exécution, conséquence d'une contrainte nulle, est également un « acte dont vous prononcerez la nullité.

---

18 mars 1863

(1) *Lettre de M. Marcellin, extrait en ce qui concerne l'argenterie.*

« Vous avez d'ailleurs un moyen facile, je crois, de vous procurer des fonds, soit par « un emprunt hypothécaire, soit par la promesse de vente de la vaisselle plate saisie, dont le « prix suffirait amplement à couvrir les sommes que vous pouvez devoir aux héritiers « de la comtesse Jullien, qui ont fait insérer dans le procès-verbal de saisie, la réserve de « leurs prétentions.

« Signé MARCELLIN. »

« Vous remarquerez, Monsieur le directeur général, que, dans l'acte du 7 mars, « qui constitue un séquestre inutile et coûte 116 fr. 65 c., *M. Marcellin allègue* « *une créance de 8,000 fr.*

« *Nous ne savons pour quelles causes nous devons 8,000 fr.*

« Si ceux qui se constituent nos adversaires dans l'acte fait au nom du Trésor « étaient bien certains des causes de leur prétendue créance, ils n'auraient pas « seulement énoncé le fait en ajournant les justifications. »

« 1er mai 1863.

A Son Excellence M. le Ministre des finances.

« Nous sommes enfin parvenus à nous procurer la somme que nous devions « au Trésor; nous ne l'avons obtenue qu'à grand' peine, après avoir été contraints « de payer près de 15,000 fr. pour arrêter des poursuites de saisie immobilière « et empêcher notre expropriation.

« Aujourd'hui, 1er mai, M. Sebert, notaire à Paris, a envoyé à M. le receveur « de Montreuil la déclaration de succession et les droits de mutation pour les « immeubles de Maine-et-Loire.

« Demain, nous nous rendons à Bollène, département de Vaucluse, et lundi

---

M. Gaudibert, notaire à La Palud, écrivait à Mme Gasseau :

« 16 mars.

« Vous aurez à examiner, Madame, s'il vous convient d'accepter les délais qu'il plaira à « l'administration d'accorder, ou d'anticiper l'époque du paiement des droits de succession à « votre charge (droits et demi droits en sus), ces droits ont été évalués approximativement « par mon receveur à 6,500 fr.....

« ..... Le service de l'argenterie peut valoir 10,000 fr.

« Lors de la saisie de l'argenterie, les héritiers de l'usufruitière ont fait toute protes- « tation ..., etc.

« Je crois, Madame, que si vos intentions étaient de vendre l'argenterie, ce qui pourrait « se faire avec le consentement des héritiers de l'usufruitier, soit pour payer les droits de « succession, soit pour payer la créance desdits héritiers, je trouverais une personne « qui l'achèterait. »

Les droits de mutation étaient exagérés.

Les héritiers Gauthier, qui se cachaient pour acheter à vil prix, et qui se prétendaient créanciers de 8,000 fr., n'ont pas encore osé former leur demande en justice!!!

« nous ferons la déclaration voulue par la loi et le paiement du droit de mu-« tation.

« Nous vous supplions, M. le ministre, de vouloir bien prendre en considé-« ration les efforts que nous avons faits pour payer dans le plus bref délai, et « nous vous prions d'autosirer M. le receveur de Bollène à recevoir notre dé-« claration de succession dans les termes de votre décision du 30 août 1862, « c'est-à-dire en n'insistant pas sur le recouvrement du demi-droit.

« En recevant notre déclaration et le paiement des droits, M. le receveur de « Bollène devrait donner main-levée de la saisie du 7 mars.

« Nous attendons avec confiance, Monsieur le ministre, votre décision, etc.

Lettre d'avis du receveur de l'enregistrement de Montreuil, M. Bellay, en date du 23 septembre 1862.

« Monsieur,

« Je vous donne avis que Son Excellence le Ministre des finances a décidé, « le 30 août dernier, qu'il ne serait pas insisté sur le recouvrement du demi « droit en sus, encouru par vous pour ne pas avoir déclaré dans le délai la « succession de M. Jullien, A CONDITION de paiement du droit simple avant le « *25 décembre 1862*. . . . . »

Autre lettre du receveur de Montreuil, M. Bellay, 6 mai 1863.

Monsieur,

« Par lettre du 5 mai courant, l'administration vient de m'autoriser à rece-« voir, sous réserve du demi-droit en sus, le droit simple seulement et les frais « dus par la dame Gasseau (11 fr. 65 c.), sauf répétition ultérieure des frais « qui auraient pu être faits à Paris. »

Quant à M. le receveur de Bollène, il n'envoie ni lettre, ni avis, et, le 8 mai, il délivre la quittance suivante :

Mobilier	57	60
Immeubles	1,823	40
	1,881	»
Dixième	188	10
	2,069	10
Frais de poursuites	151	55
Timbre		50
	2,221	15
Demi-droit en sus remis seulement en dépôt	1,034	55
Total	3,255	70

« Reçu de Mme Gasseau, née Vauvert, la somme de 3,255 fr. 70 c., pour les « motifs et suivant le détail rappelés d'autre part ;

« En conséquence de ces paiements, le soussigné, receveur de l'enregistrement « à Bollène, en vertu de l'autorisation qui m'a été donnée par lettre de ce jour, « donne main-levée de la saisie-exécution en date du 7 mars dernier, exploit de « ...., huissier à Bollène.

Les lettres du 23 septembre et du 6 mai 1863 prouvent que M. le receveur de Montreuil, M. Bellay, entend ses devoirs d'une tout autre façon que M. le receveur de Bollène.

« Bollène, le 8 mai 1863. »

« Monsieur le Directeur général,

« Vous avez bien voulu autoriser MM. les receveurs de Bollène et de Mon- « treuil à recevoir notre déclaration concernant la succession de M. de Jullien, « et seulement le droit simple.

« Le 11 mai 1863, nous avons payé à M. le receveur de Montreuil 968 fr. « 41 c.; nous ne faisons à ce sujet aucune réclamation et, sauf la remise défini- « tive du demi-droit *non perçu et que nous sollicitons de votre bienveillance*, « nous regardons notre paiement comme définitif.

« Le 8 mai 1863, nous avons payé *à M. le receveur* de Bollène 2,069 fr. 10 c., « plus 50 c. de timbre de quittance.

« Mais M. le receveur *a exigé 151 fr. 55 c. pour frais de poursuites, et enfin* « *1,034 fr. 55 c. pour le demi-droit en sus qu'il avait été autorisé à ne pas perce-* « *voir, mais qu'il a fallu encore payer;* car, si le dépôt de 1,034 fr. 55 c., plus « 151 fr. 55 c. pour frais n'était effectué, M. le receveur de Bollène ne croyait « pas pouvoir donner main-levée de la saisie indûment pratiquée, et nous enlever « le gardien-séquestre qui était dans notre maison.

« Nous espérons, monsieur le Directeur général, etc., etc. »

Une décision ministérielle du 24 juillet 1863 fait définitivement remise du demi-droit, et, le 11 août, M. le receveur de Bollène écrit à M. et Mme Gasseau qu'il tient à leur disposition la somme dont il avait exigé le dépôt le 8 mai précédent.

Extrait du procès-verbal du 7 mai 1863. Coût, 151 fr. 55 c.

(Les faits consignés dans ce procès-verbal se passent dans la demeure de Mme Frédéric Gauthier, où 10,000 fr. d'argenterie à madame Gasseau avaient été transportés).

« Et a l'instant sont arrivés :

« 1° M. Jacques-Henri Reyne, procureur impérial ;

« 2° Alfred Violès, négociant et maire de Bollène.

« Lesquels, agissant tant en leurs dites qualités que dans l'intérêt de leurs « co-héritiers susnommés, ont dit :

« Qu'en leurs susdites qualités (héritiers de la veuve du général) ils sont « créanciers de la succession du général de Jullien ou de celles de ses héritiers « successifs d'une somme de 8,000 fr. environ, POUR DES CAUSES DONT « IL SERA JUSTIFIÉ, sauf à imputer en diminution toutes celles qui auraient « été payées par les héritiers du général de Jullien ;

« Qu'ils ont retenu et conservé en leur possession *cette argenterie comme gage « et nantissement* de leur créance ; qu'ils n'entendent s'en dessaisir qu'après « paiement intégral de ce qui leur est dû.

« En conséquence, ils ont déclaré *s'opposer formellement à ladite saisie* et pro- « tester de leurs droits de créanciers privilégiés et nantis d'un gage ; que si, « nonobstant, je donnais suite à mon opération, ils ne s'opposaient pas, tous droits « et exceptions dûment réservés, à ce que *Mme Gauthier* fût dépositaire, au profit « de qui de droit, du service d'argenterie ci-dessus décrit, et ont signé :

« Reyne, Violès. »

M. Reyne est désormais solidaire de tous les actes de M. Marcel; si M. le receveur de Bollène fut blâmé pour avoir mis ses fonctions service de ses intérêts personnels, ce fut justement; mais ce s sans préjudice de la part qui doit être faite par la Cour à ceux q étaient évidemment et qui se sont d'ailleurs ouvertement déclar dans ce procès-verbal les adhérents de M. Marcellin.

La créance de 8,000 fr. est une prétention chimérique ; ce n'est pas une créance privilégiée.

Et, le fût-elle, l'acte du 7 mars n'en serait pas moins un acte déplorable ; le droit proteste contre cette absurde prétention de se constituer un gage à soi-même.

A M. G........., notaire à La Palud, mandataire de M. Reyne et consorts.

« Votre lettre du 16 mars 1863 aurait déterminé une réponse immé-« diate, si nous n'avions été convaincus que les actes du receveur de Bollène « n'auraient pas l'approbation de l'administration supérieure. Puis l'inter-« vention d'un magistrat (conseiller à la Cour de cassation), ami de la famille « de Jullien, a été une garantie, et nous avons voulu laisser à la famille Gauthier « le temps de réfléchir. Ne recevant aucune lettre de vous, je vous écris :

« Ce n'est pas par des actes comme celui du 7 mars qu'on obtiendra quelque « chose de mes clients ; donc, examinons l'affaire.

« La contrainte de M. le receveur de l'enregistrement, du 17 décembre 1862, « est nulle; car pour. . . . .

« La saisie-exécution du 7 mars 1863 est d'autant plus fâcheuse que, si nous « la rapprochons, d'une part, des déclarations de succession faites par les auteurs « de ceux qui se constituent nos adversaires, et, d'autre part, de votre lettre du « 16 mars portant évaluation approximative (des droits de mutation) à 6,500 fr., « nous sommes obligés de voir l'intention évidente d'écraser madame Gasseau « pour l'amener à sacrifier son argenterie et peut-être plus.

« Le 16 mars, on vous fait écrire pour demander l'achat de l'argenterie, et, « comme on doutait de votre éloquence, le 18 mars, M. Marcellin, receveur, « écrit de son côté.

« Pour lui, je regrette qu'il ait été aussi impatient.

« En admettant que M. le receveur de Bollène crût devoir agir dans l'intérêt « du Trésor et contrairement aux décisions du Ministre, il ne devait pas faire « servir ses fonctions à ses intérêts personnels, à son désir de posséder l'ar-« genterie.

« Mme Gasseau ne se mettait en possession de rien depuis le décès de l'usu-« fruitière; elle voulait d'abord payer le Trésor qui, depuis 1858, avait pris en

« considération sa situation ; elle agissait honnêtement ; cette conduite devait « être un premier motif pour M. le receveur, de ne pas se transporter chez « sa parente, Mme veuve Gauthier et pour ne pas la sommer d'exhiber ce qu'il « savait bien avoir été emporté là ; enfin pour ne pas placer un gardien-séquestre, « qui est un obstacle à ce que Mme Gasseau entre chez elle, sans le bon plaisir de « M. le receveur de Bollène.

« Après tous ces actes, qui pour moi sont des énormités, il est inutile de « compromettre un magistrat honorable, pour venir déclarer que, comme créan- « cier avec M. Marcellin et le maire de Bollène, du général de Jullien, ils avaient « tous à répéter 8,000 fr. environ POUR DES CAUSES dont il sera justifié : c'est-à- « dire que, comme ces personnes le déclarent elles-mêmes, elles retiennent et « conservent en leur possession de l'argenterie comme gage et nantissement « d'une créance non précisée, non prouvée.

« Vous savez que j'ai bien trouvé, sans vous et contre la famille Gauthier, la « preuve de la créance de 15,000 fr., dont les titres étaient aux mains des ad- « versaires, et si ce n'était le caractère de ces personnes, j'en sais assez des « affaires de la succession pour regarder comme une chimère la prétention de « 8,000 fr.

« Dans tous les cas, et en l'admettant par hypothèse, ce procès-verbal du « 7 mars est à mes yeux un fait très-regrettable, et je déplore que « pendant je ne sais combien de jours, un agent de l'administration puisse « faire croire à sa partialité, et que sous l'apparence des intérêts qui lui sont « confiés, il poursuive un intérêt tout privé, qu'enfin la saisie (inventaire dé- « guisé et rempli d'omissions) grève des gens qu'on tenait pour malheureux.

« J'ai dit, Monsieur, toute ma pensée, et j'ajoute de suite que, comme j'aime « mieux établir une rivalité dans le bien que dans le mal, si la famille Gauthier « veut effacer tout ce passé regrettable, à de bons procédés nous répondrons « par d'autres, et si, dans les objets mobiliers, il existe des souvenirs que nos « adversaires d'aujourd'hui désirent, nous tâcherons de concilier tous ces in- « térêts différents.

« Un emprunt hypothécaire a été réalisé, les droits du Trésor auront avant « peu toute satisfaction. Un notaire de Paris est chargé de faire les déclarations « conformément à la loi et aux déclarations précédentes faites par les auteurs « de M. le receveur de Bollène.

« J'espère que mes clients n'auront plus de lutte à soutenir et qu'on voudra « bien leur laisser paisiblement prendre possession d'une petite fortune qui a

« été léguée par M. Ludovic de Jullien, et ce n'est pas l'acte le moins honorable « de sa vie.

« A. P.

« *Avoué, conseil de madame Gasseau.* »

A M. P., conseil de Madame Gasseau.

« Monsieur,

« Votre lettre contient des insinuations tellement malveillantes et mons- « trueuses contre une famille honorable et quelques-uns de ses membres en « particulier, que je dois en l'état m'abstenir de toute démarche.

« A vous, si vous le jugez à propos, de revenir sur vos impressions et de me faire parvenir de nouvelles instructions.

« *Signé* : G....., *notaire,*

« *Mandataire des héritiers Gauthier.* »

C'est dans ces circonstances, et au milieu de toutes ces difficultés, que M. et Mme Gasseau arrivent au château de Kerchène, commune de La Palud, et voici ce que M. Gasseau écrivait à son conseil.

« Mercredi, 10 heures du matin.

« Nous sommes d'hier soir arrivés à Kerchène, où nous avons trouvé tout « l'intérieur dans un état de délabrement à fendre le cœur.

« Nous sommes allés directement à Bollène, et nous avons trouvé M. Mar- « cellin rempli de condoléances sur les faits malheureux..., etc..., etc...; mais « n'ayant pas d'ordres et refusant de recevoir notre déclaration et par conséquent « notre droit simple.

« Partant de là, nous sommes allés dîner chez notre jardinier, puis coucher « ici avec les draps que le séquestre a consenti à nous fournir. »

« 9 mai 1863.

« L'argenterie nous est refusée, sous prétexte de la créance qu'on a sur nous. « Nous demandons le détail de cette créance pour agir amiablement, et on « nous répond que M. Reyne seul a les éléments de ce compte, mais que

« M. Reyne est absent pour une dizaine de jours, en sorte que nous sommes « là, mangeant dans l'étain du jardinier.

« Aujourd'hui que nous sommes déjà un peu plus chez nous, nous voyons « partout d'immenses réparations à la charge de l'usufruitier. »

Le 23 mai, le conseil de Paris, assisté d'un architecte, se rend à Kerchène. Le mandataire de la famille Gauthier offre l'abandon de la créance de 8,000 fr., la remise de l'argenterie contre un quitus réciproque.

Prendre les yeux fermés, sans compter, n'était pas honorable, même pour les débiteurs ; on refuse, et, à titre, de conciliation il est convenu et arrêté certains actes qui vont être suffisamment indiqués par les correspondances.

« Lyon, 2 juin.

A M. Gaudibert, notaire, mandataire des héritiers Gauthier.

« Mon cher maître,

« J'apprends à Lyon que vous n'avez pas encore réglé avec M. et Mme Gasseau la remise du mobilier ; je le regrette, car c'est dans la prompte exécution « des paroles échangées que nous parviendrons à régler honorablement toute « cette affaire.

« Je vous ai dit que, dans le plus bref délai, je vous rendrais compte de l'état « des immeubles par un rapport circonstancié; j'ai tenu ma promesse.

« Je vous ai dit que le rapport fait contradictoirement, si vous y consentiez, « ou fait sans vous si vous ne teniez à vous éclairer, je serais tout disposé aux « plus larges concessions pour éviter tout débat.

« Je vous ai prié de régler immédiatement la tradition du mobilier et la remise de tout ce qui ne doit pas rester en la possession de la famille Gauthier.

« J'espère qu'un prochain courrier m'apportera une bonne réponse.

Signé : P..., avoué,
Conseil de Madame Gasseau.

« La Palud, 5 juin, (réponse).

« J'ai lieu d'être surpris du contenu de la lettre que vous m'avez fait l'hon-« neur de m'écrire de Lyon, le 2 de ce mois.

« Depuis le décès de Madame la comtesse de Jullien, j'ai communiqué à « M. et Mme Gasseau, loyalement et sans détour, les *offres* et les réclamations de la « famille Gauthier. Depuis la même époque, M. et Mme Gasseau ont pris posses-« sion de la succession, mais ils n'ont pas encore précisé les réclamations qu'ils « paraissent dans l'intention d'élever.

« Si cependant ils veulent terminer à l'amiable, il est nécessaire qu'elles se « produisent; jusque-là, il sera impossible de les apprécier, et jusque-là, vous « trouverez bon que la famille Gauthier s'abstienne de déférer à des exigences « qui ne lui paraissent pas justifiées, et qui, d'ailleurs, laisseraient tout en « question.

« Si, avant de rentrer à Paris, il vous convenait d'avoir une dernière conférence « au sujet de cette affaire, veuillez m'indiquer pour la semaine prochaine un « jour autre que le jeudi. La famille Gauthier y sera représentée, et nous verrons « s'il y a lieu d'en finir.

« Comme vous ne m'indiquez pas votre adresse à Lyon, je me décide à « adresser ma lettre à Paris.

« *Signé* : G.,

« *Notaire, mandataire de la famille Gauthier.*

Cette lettre ne fut remise à M. P. qu'à son arrivée à Paris; les adversaires évidemment se dérobaient; pris, face à face, à La Palud, ils avaient été obligés de subir la force des faits indiscutables et des vérités qu'on leur mettait sous les yeux; mais, après l'entrevue, ils voulaient évidemment, par une correspondance évasive, regagner le terrain perdu.

C'est alors que M. P., conseil de M. et Mme Gasseau, posa l'ultimatum suivant :

Juin 1863.

A Monsieur G., notaire à La Palud.

Mon cher maître,

Je réponds un peu tardivement à votre lettre du 5 juin, mes occupations et la gravité de ma réponse, qui pourrait être un ultimatum, excusent ce retard. J'espère encore que cette dernière tentative de conciliation aura un résultat plus heureux que mes précédentes démarches.

Résumons d'abord les faits, afin de bien comprendre ce que j'affirmerai et pour que vos clients ne puissent plus décliner la responsabilité légale et morale qu'ils accepteront en engageant le débat judiciaire.

Madame de Jullien, veuve du général de ce nom, est morte après un usufruit de vingt-quatre années, âgée de plus de quatre-vingts ans; depuis longtemps cette dame demeurait dans la famille Gauthier ; et ses héritiers, en raison de son grand âge et de ses infirmités, avaient, depuis plusieurs années, l'administration de sa fortune.

Du testament du général il résulte : que si le général a légué, sans obligation de donner caution, l'usufruit de sa fortune mobilière et immobilière à sa veuve, c'est que confiant dans l'honneur et la délicatesse de Mme de Jullien, il la savait incapable d'amoindrir l'actif mobilier et immobilier qu'il laissait.

Les ayants cause qui ont géré rendent-ils les meubles et les immeubles amoindris ? Oui, vous en êtes convenu.

Devez-vous payer la diminution ? Oui, vous l'avez reconnu au nom de vos clients. M. et Mme Gasseau et moi leur conseil, nous ne voulons que ce qui est juste : à peine la compensation de ce qui est perdu. — Donc, si vous résistez, vos clients agissent pour payer le moins possible, et c'est une spéculation peu avouable.

Voilà notre contestation bien précisée, et si la famille Gauthier n'a pas encore, dans cette affaire, vu la vérité en face, je vous l'apporte pour que cette famille réfléchisse et soit plus conciliante.

Lorsque l'usufruit a commencé, votre prédécesseur, notaire à La Palud, parent de la famille avec laquelle nous sommes en désaccord, a fait dans l'intérêt de sa parente, Mme veuve de Jullien, un inventaire des plus larges et des plus favorables pour l'usufruitière.

En voulez-vous une preuve ? Depuis le décès du 15 février dernier, et lorsque Kerchêne était fermé depuis longtemps, il a fallu, pour ramener le mobilier aux proportions de l'inventaire, aller la nuit à Kerchêne avec chevaux et charrettes.

Ce fait, me direz-vous, est un on-dit du pays : soit, pour la quotité enlevée; mais agir la nuit, dans l'obscurité, est une grande faute. Aussi, si la famille Gauthier a l'oreille tant soit peu ouverte, elle entendra ces faits grossis, et elle s'impressionnera aussi péniblement que nous : croyez bien que nous n'avons pas voulu accueillir, quant à présent, les insinuations de la malignité publique.

Pourquoi emporter, en le cachant, un petit buste du frère du général? M. et Mme Gasseau n'ont-ils pas le culte des souvenirs et ont-ils jamais rien refusé à vos clients? J'avais donné ma parole pour toutes ces petites choses et je n'aurais pas été désavoué.

Mais passons

Le domaine de La Palud était, du vivant du général, une habitation d'agrément et de produit. Le produit était augmenté par un système d'irrigation parfaitement organisé. Si, par la pensée, nous nous reportons au temps où toutes ces dépenses avaient lieu, à l'époque où les personnes les plus considérables du pays venaient s'asseoir à la table du général, aux années où vingt couverts étaient placés chaque semaine dans la grande salle de Kerchène, je suis obligé de reconnaître, et avec moi vous avez reconnu, que la masure que vous nous livrez aujourd'hui n'est pas l'habitation ou le château confortable d'alors, et qu'il faudrait *largement combler les lacunes* de l'inventaire.

Vos vingt-quatre ans d'usufruit ont porté partout la ruine et le délabrement, mobilier et immeubles confiés à votre loyale jouissance ne nous reviennent point dans un état acceptable.

Il était dans l'esprit du testament, il est dans celui de la loi, que vous jouissiez en bon père de famille, il faut donc que tout soit entretenu et rendu en état.— Or, meubles et immeubles sont détruits et épuisés, et cette ruine ne s'est consommée qu'au plus grand avantage du patrimoine de feue Mme de Jullien, de ses hoirs et ayants cause.

Nous sommes tombés d'accord que l'usufruit n'avait pas été ce qu'il devait être, qu'il y avait lieu à indemnité.

Je vous ai proposé une solution amiable, comme il convenait de le faire entre un avoué ayant la confiance absolue de ses clients, et le mandataire d'un magistrat. Vous avez demandé d'en référer à vos clients, et c'est sur ces paroles échangées que nous nous sommes quittés en nous donnant la main.

Comme votre lettre du 5 juin me témoigne quelque surprise et me parle des réclamations de la famille Gauthier, je suis donc dans l'obligation de vous répondre à ce sujet.

La réclamation de 8,000 fr. de la famille Gauthier, on n'osera jamais la produire devant les tribunaux et j'espère qu'on est aux regrets de l'avoir laissé consigner dans l'acte très-regrettable du 7 mars. Dans notre entrevue nous avons fait bon marché de cette prétention, moi pour presque la totalité, vous pour plus de la moitié, presque les trois quarts. Cette réclamation n'était qu'un prétexte pour mettre la main sur l'argenterie aux armes du général.

Que la famille Gauthier, élevée et enrichie par le général, désire conserver cette argenterie et les armoiries, je le comprends. C'est là preuve vivante que, dès 1789, l'appui d'un homme de bien, qui a honorablement servi son pays, tirait du néant une très-modeste famille d'un tout petit pays. Le culte de ce souvenir est honorable pour la famille Gauthier enrichie et parvenue aujourd'hui, pour cette famille, très-riche de par les libéralités et les générosités de l'homme que nous représentons.

Mais si ce désir trouve un obstacle? Il faut savoir s'arrêter, et déjà on est allé trop loin pour forcer le consentement de M. et Mme Gasseau.

Donc, le chef des réclamations de 8,000 francs, réduit par M. Constant, ancien notaire à Valence, réduit par vous après de simples observations, étant la question la moins importante de nos débats, je vous ai proposé de l'examiner de nouveau et ensemble, lorsque vous aurez revu le détail et l'aurez apuré.— Puis, je vous ai proposé de porter le chiffre restant à l'avoir du compte d'usufruit, et ce compte d'usufruit, je vais vous le rétablir.

L'usufruit comprend les meubles et les immeubles.

Mme de Jullien ne demeurant plus à Kerchène, les meubles ont eté emportés en partie. Comme la maison a été fermée pendant très-longtemps, les meubles restants tombent en poussière. La pourriture, l'humidité, la vétusté ont anéanti tout ce mobilier : vous ne nous rendez presque que les cendres d'un cadavre.

Le testament, sainement interprété, vous oblige à nous rendre le mobilier en l'état où vous l'avez reçu.

Les revenus légués le sont pour que Mme de Jullien conserve l'existence honorable qu'elle avait du vivant du général, et non pour qu'elle thésaurise et pour que ses héritiers puissent posséder les immeubles importants qu'ils ont acquis dans la commune de La Palud.

Voulez-vous plus encore?

Eh bien, si les héritiers de l'usufruitière ne rendent pas le château de Kerchène meublé comme au temps du général, comme au temps où on y vivait largement, du moins les héritiers ne doivent pas restituer des meubles détériorés pour défaut d'entretien, des meubles tombant en pourriture parce qu'ils ont été enfermés, privés d'air et de soleil pendant nombre d'années.

Ma proposition amiable avait été de prendre l'inventaire qui vous est favorable, de faire le récolement, d'accepter les meubles acceptables, de réparer à vos frais les meubles réparables et de payer le surplus ou de le remplacer.

Puis, pour inaugurer par un bon procédé cette évaluation très-large du mobilier, je vous ai proposé de restituer immédiatement l'argenterie qu'on avait eu tort d'emporter et plus tort encore de ne pas restituer à la première demande.

A mon retour à Lyon, j'ai appris que ces conventions ne s'exécutaient pas, et je vous ai écrit toute ma pensée; car un magistrat étant engagé dans ces débats, je calmerai et je maintiendrai mes clients jusqu'au jour d'un procès inévitable. Bien plus, je restreindrai leurs droits et leurs prétentions, non par peur ou par crainte, mais parce qu'après mes propositions rejetées et le procès engagé, il y aurait un tel oubli de ce qui fait l'honneur du palais, qu'il faudrait peut-être à mes clients la plus entière et la plus complète satisfaction.

J'arrive maintenant aux immeubles.

Si le mobilier de Kerchène tombe en pourriture, si les cendres de la vétusté remplissent les creux des parquets et des dalles rongées par l'humidité, que dire de cette masure nommée encore le château de Kerchène, de ses bâtiments d'exploitation qui s'effondrent et mettent en péril la vie des colons?

Depuis vingt-quatre ans, l'usufruitière n'a pas fait, une seule fois, mettre de la peinture sur les portes, sur les volets, les persiennes, sur tous les bois exposés aux intempéries de l'air, sur toutes les parties des constructions, qui sont alternativement rongées par le soleil du midi et les grandes pluies battantes de la vallée du Rhône.

Le château de Kerchène tel que le laissait le général de Jullien, maisons, jardins et bosquets compris, exigeait une dépense d'entretien annuel de 500 à 1,000 fr.

Qu'avez-vous dépensé? Rien.

Calculez depuis vingt-quatre ans en y ajoutant les intérêts, quelle est la somme en plus que vous trouverez dans la succession de l'usufruitière; car si vous n'avez pas fait les dépenses, tout en percevant les revenus, vos clients se sont enrichis aux dépens du nu-propriétaire.

De plus, le défaut d'entretien augmente la ruine et la détérioration de l'année suivante, et cette proportion ascendante est un calcul que les gens de l'art peuvent déterminer.

Les portes d'entrées du château sont rongées par l'humidité, la porte d'honneur est dans un tel état qu'on peut, pour ainsi dire, entrer dans le château en passant par les trous ouverts par la vétusté. — Les jardins d'agrément sont arrachés, il faut les replanter, le perron du jardin est écarté par les broussailles qui poussent au travers, et la culture maraîchère parce qu'elle produisait, a tout envahi, tout détruit. En voyant les lieux, je vous ai affirmé, car c'était dans ma conviction, que la personne qui voudrait remettre Kerchène dans l'état où il était au commencement de l'usufruit, dépenserait au moins de 30,000 à 40,000 fr.

Ce que je dis pour le château est vrai encore pour les fermes et les bâtiments d'exploitation.

Reste encore l'évaluation des futaies coupées et taillées, de l'allée de platanes détruite et mutilée. des massifs non replantés, etc., etc.

Je vous ai proposé, vu notre incompétence respective, de faire régler cette question des immeubles par des architectes et des gens de l'art, enfin de terminer à l'amiable comme des gens de droiture doivent savoir le faire ; vous avez demandé à consulter vos clients et ensuite vous avez gardé le silence ; car votre lettre du 5 juin n'est qu'une tactique pour nous forcer à prendre l'initiative et vous plaindre ensuite de l'agression.

Le travail de l'architecte que j'ai indiqué a donc été fait sans vous, il a été fait avec le plus grand soin, nous avons appelé les ouvriers du pays pour bien se renseigner sur les prix.

Mais il faut quelque temps pour rédiger ce travail et traduire en chiffres la vérité qui frappe les yeux.

Dans l'intérêt de vos mandants ou de vos clients et par égard pour l'un d'eux, j'ai voulu et je veux terminer à l'amiable, et, pour vous prouver que les réclamations de M. et Mme Gasseau ne sont jamais formulées d'une manière obscure et vague, je vous les ai exposées de manière à satisfaire les plus exigeants.

Veuillez donc, je vous prie, avant la fin de ce mois, me faire savoir que vous acquiescez :

1° A la remise immédiate des valeurs mobilières de la succession et des meubles, lesquels seront livrés en un état acceptable et convenable.

Il y aura remplacement ou paiement des objets qui peuvent manquer ou qui sont détruits.

2° Estimation contradictoire des immeubles, et règlement, en des termes et délais dont nous conviendrons, de la somme fixée par l'expertise.

Si le 1er juillet ces propositions ne sont pas acceptées, M. Couston, avoué à Orange, mettra à exécution les instructions qui lui seront transmises.

Maintenant, Monsieur, que nous nous sommes vus et que vous avez pu juger de mes intentions et de mon bon vouloir, permettez-moi de vous dire qu'un débat soutenu serait très-regrettable pour ceux qui deviendraient nos adversaires et que ce motif est la raison qui me détermine à tout faire pour un règlement amiable.

La Palud, 19 juin.

Monsieur,

J'ai l'habitude, dans toute discussion, de ne jamais dénaturer la vérité des faits. — Votre lettre du 13 de ce mois, je regrette de le dire, me prouve que vous ne suivez par la même voie. Je ne veux pas apprécier, mais vous comprendrez la volonté que j'exprime de cesser toute correspondance avec vous.

La famille Gauthier répondra, si elle le juge convenable, par une autre plume que la mienne, à l'ultimatum, comme vous l'appelez, contenu dans votre lettre du 13.

Recevez, etc.

Signé : G. A.,
Mandataire de la famille Gauthier.

Paris, réponse à M. Gaudibert, notaire.

Monsieur,

Ma lettre du 13 de ce mois, avant de vous être remise, a été lue par les quatre personnes qui assistaient à notre entrevue, et si l'une d'elles, sur un des points m'avait fait une observation, j'aurais examiné si ma mémoire était infidèle.

Je ne vous fais cette réponse, Monsieur, qu'afin que vous sachiez bien que votre plume vous a fait écrire un mot inexact et qui n'est pas dans le langage des mandataires officiels qui se respectent, tout en étant adversaires.

Maintenant aux faits on répondra comme vous le dites et j'apprécierai.

La famille Gauthier ayant continué à garder le silence, M. et Mme Gasseau quittèrent immédiatement La Palud et revinrent à Paris vers le 20 juin 1863, ils placèrent un gardien, comme il en existait un à leur arrivée, on attendit le 1er juillet époque fixée, puis Me Couston, avoué à Orange, s'adressa au président du tribunal et une assignation en référé fut délivrée.

Voici quelles étaient les conclusions :

Au principal, renvoyer les parties à se pourvoir, et cependant dès à présent, et par provision,

Dire que, par tel expert qu'il plaira au président commettre, les titres, valeurs mobilières et meubles dépendant de la succession du général Jullien, seront vus et visités à l'effet :

1° D'en constater le nombre et la valeur,

2° D'en faire l'estimation,

3° Faire faire aux meubles toutes les réparations jugées nécessaires pour leur entretien et conservation, régler les mémoires, et ce pour compte de qui il appartiendra,

Voir ordonner, au fur et à mesure des constatations, la remise immédiate des objets dont s'agit aux mains des propriétaires, les sieur et dame Gasseau.

Dire que les constatations auront lieu tant à Kerchène qu'au domicile de la dame veuve Jullien et même dans une maison proche l'église de La Palud, où les vins appartenant au général étaient déposés.

Dire, au cas où l'inventaire après le décès de Mme veuve Jullien aurait été dressé, qu'il pourra être consulté par l'expert, à l'effet de rechercher les objets pouvant appartenir à la succession.

Toutes les mesures sollicitées étaient essentiellement provisoires et ne touchaient pas au fond, il etait urgent de régler la situation, l'exposé des faits le démontre surabondamment.

Le 17 juillet 1863, le président du tribunal d'Orange rendit l'ordonnance aujourd'hui deférée à la cour, elle est ainsi concue :

Attendu que d'après l'art. 806 du Code de Procédure, il n'y a lieu à référé que dans le cas d'urgence, où lorsqu'il s'agit de statuer provisoirement sur les difficultés provenant de l'exécution d'un titre ;

Attendu que, *d'après les explications fournies*, il *paraît* que les mariés Gasseau ont pris possession du mobilier qui était grevé d'usufruit ;

Attendu que, d'après le testament, l'usufruitière était dispensée de faire inventaire et qu'il n'est pas régulièrement établi qu'un inventaire ait été fait ;

Qu'en l'état de ces faits, le juge de référé ne peut ordonner aucune mesure provisoire de récolement ou autre et doit délaisser les parties à se pourvoir devant la juridiction ordinaire, pour faire statuer sur leur réclamations et prétentions respectives.

Par ces motifs : renvoyons au principal les parties à se pourvoir devant qui de droit, déclarons n'y avoir lieu à référé, et n'y avoir lieu à ordonner aucune mesure provisoire, les dépens du présent incident joints au fond.

DISCUSSION.

L'ordonnance du président du tribunal d'Orange contient trois motifs;

1° Le défaut d'urgence;

2° La prise de possession du mobilier effectuée par les sieurs et dame Gasseau;

3° Le défaut d'inventaire parce que l'usufruitière en était dispensée.

Démontrons en peu de mots l'erreur du premier juge.

§ Ier

Lorsque l'usufruit s'éteint, la possession doit être immédiatement remise au nu-propriétaire, et l'ayant cause de l'usufruitière doit obtenir sa décharge ou quittance.

Lorsque l'héritier de l'usufruitier ne rend qu'une partie, qui n'est pas même acceptée, lorsqu'il emporte l'argenterie, les titres, les papiers, les créances, les valeurs, les plis cachetés contenant les volontés du général et dont il ne devrait être pris connaissance qu'après la mort de la veuve, il y a urgence évidente à faire cesser un tel abus : il y a préjudice par chaque jour de retard.

4

Nous avons dit l'intérêt de M. et Mme Gasseau d'avoir la prompte disposition de l'actif qui facilite leur liquidation, nous avons dit par voie de conséquence combien serait odieuse la spéculation qui les ferait rendre à merci par la séquestration de leur moyen d'action.

Quelle a été la proposition de M. et Mme Gasseau pour terminer à l'amiable? Prendre l'inventaire informe qui a été dissimulé au président du tribunal d'Orange, accepter les meubles acceptables, réparer les meubles réparables et ne régler que le surplus.

Quelle est la prétention de MM. Reyne et Gauthier?

L'usufruit a tout consommé, nous ne rendrons rien.

Le général n'a pas voulu qu'après sa mort la situation de sa veuve fût amoindrie, il a légué l'usufruit. Le général a fait ce legs, et les héritiers, jusques et y compris M. et Mme Gasseau, ont témoigné leur respect à Mme Jullien, en la considérant comme incapable d'amoindrir l'actif mobilier et immobilier.

Tout doit donc être rendu en état : les revenus de chaque année ont dû servir à la jouissance loyale d'un bon père de famille, la lettre du 13 juin 1863 discute complétement cette question.

Mais quelle que soit la décision à intervenir au fond, il y a urgence à faire constater l'état actuel des choses, pour que le temps qui s'écoulera pendant les débats judiciaires ne modifie la situation d'aucune des parties en cause.

Les héritiers Gauthier allèguent déjà timidement que les 30 ou 40 jours de séjour à Kerchène, pendant lesquels on s'est tenu à leur disposition, ont pu modifier bien des choses; que ne diront-ils pas lorsque le débat sera engagé au fond, et lorsque, par leurs incidents, ils auront prolongé le procès?

L'art. 806 a été fait pour les situations analogues à celle-ci. Le Président du tribunal a compétence pour faire instantanément constater l'état d'une chose, qui, objet d'une contestation, passe de la possession de l'une des parties en la possession de l'autre.

§ II.

Aussi le juge, qui trahit involontairement la faiblesse de son premier argument, s'empresse-t-il d'ajouter que la prise de possession *parait avoir été effectuée.*

Les faits que nous avons rappelés prouvent le contraire : l'argenterie qu'on a tenté de séquestrer par l'inexcusable déclaration imposée à un huissier, dans l'acte du 7 mars;

Les meubles enlevés;

Le linge disparu;

Les titres retenus ;

Les créances consignées;

L'argent comptant, dissimulé par défaut de déclaration de ce qui a été touché sur la pension et sur la croix du général, protestent énergiquement et victorieusement contre le deuxième motif de l'ordonnance de référé.

Mais enfin, veut-on le contraire ? Voici notre argument :

La famille Gauthier détient ou ne détient plus les titres, les meubles, les valeurs mobilières.

Si elle ne détient plus, c'est qu'elle a volontairement rendu, en reconnaissant que ces biens étaient la propriété de M. et Mme Gasseau.

L'expert constatera le fait, sa mission sera promptement remplie, et lorsque le débat s'engagera au fond, un Procureur impérial et un Juge d'instruction ne comparaîtront pas devant la justice civile, sous le reproche d'une séquestration opérée pour imposer un quitus aveugle.

Si, au contraire, les héritiers Gauthier détiennent l'argenterie, les meubles, les valeurs mobilières, quelle que soit l'importance de la chose retenue, c'est un abus déplorable auquel il faut mettre fin dans le plus bref délai : *spoliatus antè omnia restituendus.*

Cette prise de possession, affirmée par les héritiers Gauthier, est niée par M. et Mme Gasseau : il faut donc que la justice et une justice prompte décide. Il le faut d'autant plus, que le magistrat, auteur de l'ordonnance, n'a pas tranché la question : « *Il paraît*, dit-il, *que les mariés Gasseau ont pris possession.* » Il ne suffit pas d'une *apparence*, il faut une certitude.

Allons plus loin ; je suppose pour un moment que, le 30 avril ou le 1er mai, lorsque les époux Gasseau sont arrivés à Kerchène qu'ils ne connaissaient pas, ils aient trouvé d'habiles adversaires ; que dans les salles de Kerchène toutes les valeurs et meubles aient été déposés ;

A la grille du château est le notaire, factotum de la famille, peut-être encore, débiteur d'une partie du prix de la charge de M. Gauthier père ;

Les clefs de la grille sont remises, ce signe de la possession est accepté.

Est-ce que les ayants-cause de l'usufruitier ont leur décharge irrévocable ?

Qui donc oserait le prétendre !

Le deuxième motif de l'ordonnance de référé disparaît donc comme le premier.

Le fait de la possession pourrait cependant valoir décharge régulière, si, dans les conditions les plus paisibles, cette possession est d'une durée telle, qu'il sera évident pour le juge qu'on revient de mauvaise foi sur une situation acceptée.

Ce qui ne sera possible, cependant, que si la valeur du litige permettait de se passer d'un titre régulier de libération. Ici rien de semblable.

§ III.

Le troisième motif de l'ordonnance de référé ne se soutient pas mieux.

Lorsque le général de Jullien est mort, le légataire universel de la nue-propriété était mineur, son frère Ludovic était aussi mineur, lorsqu'il devint héritier; peut-on sérieusement opposer le défaut d'inventaire à ces enfants ou à leur légataire?

Depuis 1839, époque du décès du général, MM. Auguste et Ludovic de Jullien, ensuite Mme Gasseau, temoignaient leur respect à la veuve en ne prenant aucune précaution, qui pouvait faire supposer qu'on la croyait capable d'un acte préjudiciable au nu-propriétaire.

Il paraît que ce fut une faute, surtout depuis que l'administration, tombant de ses mains séniles, passa aux mains de ses héritiers.

D'ailleurs, la dispense ou le défaut d'inventaire donne-t-il le droit à l'usufruitier de ne rien rendre au nu-propriétaire?

Non, — le droit d'usufruit reste avec son caractère indélébile. Les difficultés d'exécution, lorsqu'il s'agira de rendre au nu-propriétaire ce qui lui appartient, devront amener le juge à user plus largement des pouvoirs qui lui ont été confiés par l'art. 806.

Le juge, en effet, doit empêcher que l'avidité du représentant de l'usufruitier n'absorbe ou ne diminue les droits du nu-propriétaire, ou que les prétentions exagérées du nu-propriétaire n'enlèvent au représentant de l'usufruitier une partie de ce qui lui était légitimement acquis.

C'est en cet état que, tous droits et moyens des parties réservés au fond, M. et Mme Gasseau demandaient à la justice :

1° Qu'un expert vît et visitât les titres, valeurs mobilières et meubles dépendant de la succession ;

2° Qu'il en constatât le nombre et la valeur au jour où l'usufruit a commencé ;

3° Qu'il en fît l'estimation au jour du décès de la veuve du général ;

4° Que la réparation pour la conservation des meubles fût ordonnée pour être, lors du procès au fond, à la charge de qui de droit ;

5° Que la remise ès-mains du propriétaire actuel fût effectuée au fur et à mesure des constatations ;

6° Que les constatations sollicitées eussent lieu au château de Kerchène, au domicile de Mme veuve Jullien et dans une maison proche l'église, qu'ils désignaient ;

7° Qu'enfin l'inventaire dressé après le décès de Mme Ve Jullien pût être consulté par l'expert.

Aucune de ces mesures provisoires ne pouvait équitablement être refusée, l'ordonnance les a toutes rejetées ; c'est dire que la Cour ne saurait la maintenir, c'est dire, qu'en l'infirmant, la justice fera droit à la demande si légitime, si protectrice de tous les intérêts, que les époux Gasseau portent devant sa juridiction souveraine.

GASSEAU.

25449 Imp. Renou et Maulde, rue de Rivoli, n. 144.

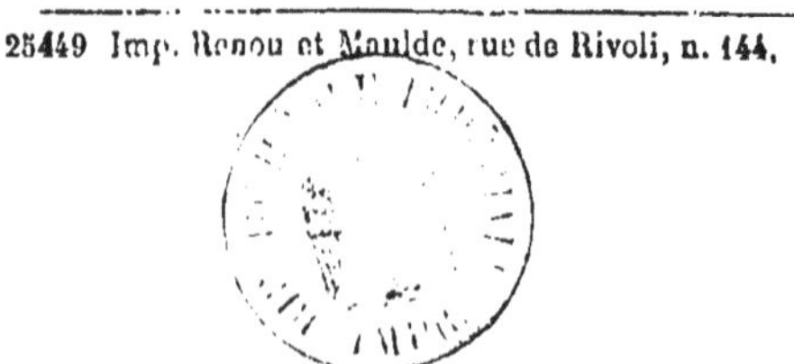

www.ingramcontent.com/pod-product-compliance
Ingram Content Group UK Ltd.
Pitfield, Milton Keynes, MK11 3LW, UK
UKHW020520230726
13925UKWH00005B/2207